# NAVID KERMANI
# VERGESST DEUTSCHLAND!

### Das Buch

Wir Deutschen, so heißt es, müßten endlich wieder ein normales, ein unverkrampftes Verhältnis zur Nation haben. Daß seit der Wiedervereinigung 182 Menschen fremder Herkunft aus »Liebe zum Vaterland« ermordet wurden, hat Deutschland allenfalls am Rande registriert. Erst die Mordserie der Zwickauer Terrorzelle alarmierte die Öffentlichkeit. Es stellt sich die Frage: Wenn Patriotismus bis heute so oft in Gewalt umschlägt, ist er dann überhaupt eine Tugend? Der Schriftsteller Navid Kermani, einer der wichtigsten Intellektuellen Deutschlands, glaubt das nicht – und beruft sich dabei auf die deutsche Literatur. Vor allem Lessings Absage an den patriotischen Enthusiasmus ist für ihn Vorbild. Kermani liefert eine brillante Analyse des rechtsextremen Terrorismus und geht der Frage nach, warum sich Deutsche aus der Mitte der Gesellschaft radikalisieren.

### Der Autor

Navid Kermani, geboren 1967, lebt als Schriftsteller in Köln. Er ist habilitierter Orientalist, Mitglied der Deutschen Akademie für Sprache und Dichtung sowie der Hamburger Akademie der Wissenschaften. Für sein akademisches und literarisches Werk ist er vielfach ausgezeichnet worden, zuletzt mit dem Hannah-Arendt-Preis 2011, dem Kölner Kulturpreis 2012 und dem Friedenspreis des Deutschen Buchhandels 2015. Im Oktober 2012 erhält er den *Cicero*-Redner-Preis. Aufsehen erregte 2011 sein monumentaler Roman *Dein Name*.
Weitere Informationen auf www.navidkermani.de

**NAVID KERMANI**

# VERGESST DEUTSCHLAND!

**EINE PATRIOTISCHE REDE**

*Zur Eröffnung der
Hamburger Lessingtage 2012*

Ullstein

Gegen Mittag des 4. November 2011, so heißt es in den Mitteilungen der Behörden, setzten Uwe Mundlos und Uwe Böhnhardt im Eisenacher Stadtteil Stregda ein Wohnmobil in Brand und erschossen sich darin. 180 Kilometer entfernt in einem der besseren Viertel von Zwickau suchte wenig später die Gefährtin der beiden jungen Männer, Beate Zschäpe, im Internet ein Mittel gegen Übelkeit, schüttete anschließend einen Brandbeschleuniger in der gemeinsamen Wohnung aus und legte Feuer. Gerade als sie mit ihren zwei Katzen Lilly und Heidi auf die Straße trat, sprengte eine Explosion die Fassade des Hauses weg. Beate Zschäpe gab die Katzen bei einer Nachbarin ab und flüchtete zunächst, bevor sie sich einige Tage später doch der Polizei stellte. In dem Schuttberg entdeckten Ermittler die Ceska, Modell 83, Kaliber 7,65 Millimeter Browning, mit der seit dem Jahr 2000 acht Einwanderer aus der Türkei, einer aus Griechenland sowie eine Polizistin umgebracht worden waren.[1] Auf einer DVD fanden sie außerdem einen fünfzehnminütigen Film, in dem die Zeichentrickfigur Paulchen Panther auf einer sogenannten »Deutschland-Tour« die Tatorte der zehn Morde und zweier Bombenanschläge in Köln abschreitet. Die Aufnahmen der Ermordeten, die in ihren Blutlachen liegen, sind mit der Aufschrift »Original« versehen. Die Anschlagsserie trägt den Titel »Aktion Dönerspieß«. Als Urheber tritt ein »Nationalsozialistischer Untergrund« auf, kurz NSU, der sich als »Netzwerk von Kameraden mit dem Grundsatz – Taten statt Worte –« vorstellt und ankündigt: »Solange sich keine grundlegenden Änderungen in der Politik, Presse und Meinungsfreiheit vollziehen, werden die Aktivitäten weitergeführt.« Musikalisch untermalt ist der Film vom Lied des rosaroten Panthers.

Man muß davon ausgehen, daß Uwe Mundlos und Uwe Böhnhardt die Möglichkeit des eigenen Todes einkalkuliert und entsprechende Vorkehrungen getroffen hatten, um sich gegebenenfalls einer Festnahme zu entziehen. Ihre Wohnung in Zwickau jedenfalls war mit zahlreichen Bewegungsmeldern, Überwachungskameras, neun griffbereiten Feuerwaffen, einem Repitiergewehr mit abgeschnittenem Schaft und einer Maschinenpistole ausgerüstet für einen Endkampf. Und am Mittag des 4. Novembers blieb zum Nachdenken kaum Zeit; nach einem Banküberfall war ihnen eine Polizeistreife gefolgt, die jeden Augenblick eintreffen mußte, und der ganze Vorgang, das Brandlegen, die Absprache, wer wen zuerst erschießt, die Koordination mit Beate Zschäpe, die die gemeinsame Wohnung anzünden und flüchten würde, nicht ohne zuvor die Katze in Sicherheit zu bringen, beruht auf so vielen einzelnen Entscheidungen, die jede für sich schwer wiegen, daß eine Kurzschlußaktion nicht wirklich vorstellbar erscheint. Und selbst wenn Uwe Mundlos und Uwe Böhnhardt, wonach es nicht aussieht, am Mittag des 4. Novembers in Panik geraten und sich aus Verzweiflung, Furcht vor dem Gefängnis oder gar Scham spontan umgebracht hätten, so haben sie dennoch subjektiv ein Opfer erbracht, indem sie sich mit letzter Konsequenz für den bewaffneten politischen Kampf entschieden, damit für ein Leben in der Illegalität, für den Bruch mit der eigenen Familie und die Ächtung durch die Gesellschaft, für den Verzicht auf eine bürgerliche Laufbahn und die Unsicherheit einer Existenz im Untergrund, für die permanente Gefahr der Festnahme, der Verletzung oder des Todes.

Aus dem Jahre 1759 gibt es ein Trauerspiel von Gotthold Ephraim Lessing, nicht sehr bekannt und selten aufgeführt, in dem sich ein junger Mann fürs Vaterland opfert. *Philotas* heißt der Einakter und ist zugleich der Name jenes Prinzen, der bei seiner ersten Schlacht gegen das Heer des feindlichen Königs Aridäus in Gefangenschaft gerät. Philotas muß befürchten, daß seine Festnahme dem eigenen Land den Sieg kostet, denn sein Vater, das weiß er, wird alles dafür tun, ihn heimzuholen, ihn freizukaufen, ihn auszulösen. Aus Liebe zum Sohn wird der Vater den Krieg verlieren. »Durch mich Elenden«, so klagt sich deshalb der Sohn an, wird der Vater »an einem Tag mehr verlieren, als er in drei langen mühsamen Jahren durch das Blut seiner Edeln, durch sein eigenes Blut gewonnen hat.«[2]

Dann aber scheint sich Philotas' Schicksal überraschend zum Guten zu wenden. Nicht er allein ist bei der Schlacht in Gefangenschaft geraten, sondern ebenso der Sohn des Aridäus, des anderen, des feindlichen Königs. Aridäus kündigt Philotas einen Austausch der beiden Prinzen an, der das Gleichgewicht der beiden Kriegsparteien wiederherstellen, womöglich sogar Versöhnung herbeiführen würde. Ist Philotas zunächst erleichtert, nach Hause zurückzukehren, ohne für die Niederlage des Vaterlandes verantwortlich zu sein, setzt bald darauf eine neuerliche, die entscheidende Wendung des Dramas ein. Im Verlauf eines zweiseitigen Monologs geht dem Prinzen auf, daß sein Tod dem eigenen Land einen entscheidenden Vorteil brächte: »Denn mein Vater«, so räsoniert Philotas, »hätte alsbald einen gefangenen Prinzen, für den er sich alles bedingen könnte; und der König, sein Feind, hätte – den Leichnam eines gefangenen Prinzen, für den er nichts fordern könnte.« Worauf kommt es also an? »Aufs Sterben«, erkennt Philotas und ist selbst überrascht: »Auf weiter nichts? – O fürwahr; der Mensch ist mächtiger, als er glaubt, der Mensch, der zu sterben weiß!«

Wir sind es von den Verlautbarungen der Staatsführer und den Kommentaren des Fernsehens gewohnt, einen terroristischen Anschlag und besonders ein Selbstmordattentat als feige deklariert zu hören. Auf mich wirkt das immer ein wenig kurios oder auch hilflos. Ein Terrorist und im besonderen ein Selbstmordattentäter handelt unmoralisch, ungerecht, unmenschlich und so weiter – aber feige ist er nun gerade nicht, im Gegenteil: Man hätte sich gewünscht, der Attentäter wäre noch rechtzeitig von der Furcht übermannt worden, statt für seine Überzeugung die eigene Existenz aufs Spiel zu setzen oder sogar aufzugeben. Nicht nur in ihrer eigenen Wahrnehmung, auch in der Wahrnehmung vieler Gleichgesinnter, die sie auf öffentlichen Veranstaltungen als Helden feierten und im Internet noch immer feiern, haben sich auch Uwe Mundlos und Uwe Böhnhardt fürs Vaterland geopfert.

Die Formulierung mag für manche abstrus klingen, die mit dem Vaterland andere, friedlichere Vorstellungen verknüpfen als zwei rechtsextreme Terroristen. Aber wer die politische Gewalt bekämpfen will, muß ihre Motive zu verstehen suchen, ihre Vorgeschichte – und zwar auch die biographischen Vorgeschichten – untersuchen, das Denken der Unterstützer beleuchten. Ein Krimineller hält seine eigenen Taten für verwerflich oder nicht; ein Überzeugungstäter hingegen, der zu sterben bereit ist, handelt in seiner Selbsteinschätzung selbst dann notwendig gerecht, wenn er Menschen tötet, die auch nach seinen eigenen Maßstäben völlig unschuldig sind, Passanten etwa, Kinder oder im Falle des Zwickauer Trios eine national einwandfreie Polizistin; ja, der Terrorist mag sogar, wie es in der Geschichte der politischen Gewalt vielfach belegt ist, die eigenen Gewissensbisse sich als weiteres, besonders hohes Opfer zurechnen, das zu bringen er sich mit äußerster Konsequenz entschlossen hat. Das gilt für Morde, die im Namen des Islams begangen werden, genauso wie für Morde, die im Namen Deutschlands begangen werden. Jedes Ding, so fährt Philotas wie in einem philosophischen Seminar fort, jedes Ding sei vollkommen, wenn es seinen Zweck erfülle. Und was ist der Zweck des Patrioten, und sei er noch so schwach, eines Gefangenen gar, der auf dem Schlachtfeld versagt hat? »Ich kann meinen Zweck erfüllen, ich kann zum Besten meines Staates sterben: ich bin vollkommen also, ich bin ein Mann. Ein Mann, ob ich gleich noch vor wenig Tagen ein Knabe war.« Es ist die Bereitschaft zum heroischen Selbstopfer, die jenen Grundsatz zum Äußersten treibt, der im Video des Nationalsozialistischen Untergrunds propagiert wird: *Taten statt Worte.* »Ihr liebt das Leben, wir den Tod«, wie die bekannteste Losung des Terrornetzwerks al-Qaida lautet, oder bei Lessing: »Wer zehn Jahre gelebt hat, hat zehn Jahre Zeit gehabt, sterben zu lernen.«

Uwe Mundlos und Uwe Böhnhardt zwei Selbstmordattentäter? Das gewiß nicht. Ihre Verbrechen waren in dieser Hinsicht tatsächlich feige, daß sie ihre Opfer aus dem Hinterhalt oder sicherer Distanz erschossen. Aber erinnern wir uns, daß nach dem 11. September 2001 in der Öffentlichkeit eine ganz ähnliche Ratlosigkeit herrschte wie nach dem 4. November 2011.³ Sowohl der Kopf der Zwickauer Terrorzelle, Uwe Mundlos, als auch der Kopf der Hamburger Terrorzelle, Mohammed Atta, stammen aus gebildeten Familien, in deren Einstellung der nationale beziehungsweise religiöse Extremismus gerade nicht vorgeprägt war – der Vater von Mundlos offenbar schon in sozialistischer Zeit freigeistig bis zum Systemkritischen, die Eltern von Atta weltlich-säkular. Vor zehn Jahren wunderten sich Magazine wie der *Spiegel* oder der *Stern*, daß Mohammed Atta, bevor er zum islamischen Terroristen wurde, sich in Deutschland vorbildlich integriert zu haben schien, über Ökologie und die Sanierung historischer Altstädte nachdachte, eine deutsche Freundin hatte, zur Entspannung auch mal einen Joint drehte und am Wochenende nicht etwa in die Moschee, sondern zum FC St. Pauli ans Millerntor pilgerte. Eines Tages, für Kommilitonen und Lehrer überraschend, kehrte er von einem Ägyptenurlaub mit Bart und der traditionellen Galabiya zurück, die in seiner Familie seit mindestens zwei Generationen niemand mehr getragen hatte. Wie konnte nur aus einem aufgeschlossenen, sozial engagierten Studenten ein Massenmörder werden, so wurde allenthalben gefragt, ohne daß die Journalisten, die die Biographien der Selbstmordattentäter recherchierten, eine schlüssige Antwort fanden. Auch der Professorensohn Uwe Mundlos las viel, wies gute Noten auf und mochte besonders die naturwissenschaftlichen Fächer. Ehemalige Klassenkameraden und Freunde beschreiben ihn als intelligenten, aber unauffälligen Jungen, seine Lieblingsband sei AC/DC gewesen, aber auch Udo Lindenberg habe Uwe Mundlos gern gehört, die Locken lang getragen. Eines Tages, für seine Klassenkameraden und Lehrer überraschend, betrat er die Schule mit Seitenscheitel und in Springerstiefeln.

Die Gewöhnlichkeit und wohl auch Bequemlichkeit der familiären Verhältnisse, die man von der Vorgeschichte der meisten RAF-Mitglieder ebenso kennt, stehen nicht im Widerspruch zu der späteren Hinwendung zum politischen Extremismus, sondern scheinen die Attraktivität eines Lebensentwurfs eher zu begünstigen, der die bürgerliche Norm radikal verneint und sogar bekämpft. Lessing versäumt nicht, auch den Kitzel zu benennen, den der Prinz bei dem Gedanken spürt, die sichere, vorgezeichnete Bahn seines Daseinsverlaufs zu sprengen: »Welch Feuer tobt in meinen Adern? Welche Begeisterung befällt mich? Die Brust wird dem Herzen zu eng! Geduld, mein Herz! Bald will ich dir Luft machen! Bald will ich dich deines einförmigen langweiligen Dienstes erlassen!« Und auch die äußere Nüchternheit, die mit dem inneren Feuer korreliert, das Umsichtige der Planung und die Kälte der Ausführung kommen in dem Monolog zum Ausdruck, wenn Philotas selbst bemerkt, daß er angesichts der Größe der Aussicht, mit dem eigenen Tod den Krieg zu gewinnen, plötzlich ganz ruhig wird und in den folgenden Szenen seinen Plan kühl umsetzt, sich ein Schwert zu besorgen, König Aridäus in Sicherheit zu wiegen und zu verhindern, daß den eigenen Vater das Angebot des Gefangenenaustauschs erreicht.

Allerdings ist es an den Biographien der Attentäter mehr als nur die Unauffälligkeit, die auffällt, wie es beinah wortgleich nach dem 11. September 2001 und nach dem 4. November 2011 in der Presse hieß. Sowohl Mohammed

Atta wie auch Uwe Mundlos werden von ihrer früheren Umwelt außerdem als besonders liebenswürdig und empfindsam beschrieben. »Lieb, nett und niemals böse«, so überschrieb *Der Spiegel* einen Artikel über die Vergangenheit Mohammed Attas.⁴ »Ausgerechnet Menschlichkeit ist das Wort, das immer wieder fällt, wenn ehemalige Kommilitonen über den Studenten Atta sprechen«, vermerkte ein Reporter des *Stern* verblüfft.⁵ Ähnlich erinnerten sich ehemalige Nachbarn, daß Uwe Mundlos sich liebevoll um seinen behinderten Bruder gekümmert, ihn regelmäßig zum Arzt begleitet und im Rollstuhl spazierengefahren habe, und nie habe er es versäumt, die ältere Dame zu grüßen, die aus dem Fenster schaute. Ähnlich wie vor zehn Jahren über den Kopf der Hamburger Terrorzelle spekuliert wurde, fragt sich die Presse in diesen Wochen: »Wie konnte aus einem freundlichen Professorensohn ein von Haß geleiteter Rechtsterrorist werden?«⁶

Es ist ebenso leicht wie unverfänglich, junge Männer wie Mohammed Atta oder Uwe Mundlos als Bestien, als Irre, als Killer-Nazis zu bezeichnen, wie es in der Berichterstattung etwa der *Bild-Zeitung* auch deshalb ständig geschieht, um die Täter möglichst weit von der Gesellschaft, vor allem aber von der Hetze der eigenen Meinungsartikel und Kampagnen fortzurücken, sie als pathologische Fälle abzutun. Das Beunruhigende an solcherart politischer Gewalt wird in seiner ganzen Dimension jedoch erst deutlich, wenn man auch jene Teile ins Puzzle fügt, die so gar nicht ins Bild zu passen scheinen: die Bürgerlichkeit, die Bildung, die Intelligenz; die Liebenswürdigkeit, den Idealismus. Lessing lehnte vor zweihundertfünfzig Jahren die Haltung des Philotas von Herzen ab, und es ist nur die theaterästhetische Konsequenz aus seinen zahlreichen Invektiven gegen den Helden- und Vaterlandskult, wenn er im 19. Stück seiner *Hamburgischen Dramaturgie* über die Tragödie schreibt: »es heißt, sie von ihrer wahren Würde herabsetzen, wenn man sie zu einem bloßen Panegyrikus berühmter Männer macht, oder sie gar den Nationalstolz zu nähren mißbraucht.« Dennoch hat Lessing den Prinzen nicht als Wahnsinnigen vorgeführt, sondern ist im großen Monolog des vierten Auftritts Schritt für Schritt dem Gedankengang gefolgt, der einen jungen, nachdenklichen und allzu schwärmerischen Menschen dazu bringt, sich für ein politisches Ziel aufzuopfern – so wie Uwe Mundlos und Mohammed Atta auch nach ihrer Hinwendung zum politischen Extremismus nicht als Wirrköpfe beschrieben werden; im Gegenteil fällt in den Biographien beider auf, daß sie unter Gleichgesinnten für ihre kluge Argumentation und ihre Belesenheit bekannt waren, nicht für plumpe Parolen. »Wer ist ein Held?« fragt Philotas und erinnert sich an den Satz des Vaters, daß ein Held ein Mann sei, der höhere Güter kennt als das Leben: »Ein Mann, der sein Leben dem Wohle des Staats geweihet; sich, den einzeln, dem Wohle vieler.« Kurz hält Philotas inne und fragt sich, ob er nicht zu jung sei, um den Heldentod zu sterben, so wie sich Mohammed Atta und Uwe Mundlos gefragt haben mögen, ob sie als einzelne nicht zu machtlos seien, um einem zugleich abstrakten und übermächtigen Gegner wie dem Westen, dem Kapital oder einem Staatsapparat entgegenzutreten. Dann jedoch besinnt Philotas sich, daß es nicht auf den Handelnden, sondern allein auf die Handlung ankommt, nicht auf die erklärenden Worte, sondern allein auf die Tat: »Wie alt muß die Fichte sein, die zum Maste dienen soll? Wie alt? Sie muß hoch genug, sie muß stark genug sein.«

Taten statt Worte – das bedeutete im Falle des Nationalsozialistischen Untergrunds: nur Taten, überhaupt keine Worte. Es hat viele Kommentatoren irritiert, daß nach keinem der Morde und Bombenanschläge ein Bekennerschreiben gefolgt war, ist man doch vom Terrorismus in seiner konventionellen Form gewohnt, dem Terrorismus etwa der Roten Armee Fraktion, der baskischen Separatisten oder von militanten Gruppen in Palästina, daß er die Gewalt für konkret umrissene, zu Papier gebrachte politische Ziele einsetzt, den Sturz eines Staatssystems, die Freilassung von Gefangenen, staatliche Autonomie oder das Ende einer Besatzungsherrschaft. Aber ist das Fehlen eines Bekennerschreibens wirklich so ungewöhnlich? In den letzten zwei Jahrzehnten hat sich weltweit ein neuer Typus des Terrorismus herausgebildet, der seinen Schrecken gerade aus der Wortlosigkeit bezieht. Auch die Anschläge des 11. Septembers 2001 blieben zunächst ohne jedes Bekenntnis, waren nicht begleitet von politischen Forderungen, gründeten auf keinem nachlesbaren ideologischen Konzept. Erst sehr viel später reklamierte Osama bin Laden die Urheberschaft der Attentate und ließ auch dann noch bewußt im Vagen, wie genau die Verbindung zwischen den Flugzeugentführern und al-Qaida vorzustellen sei. Im Pingpong mit den internationalen Medien und der damaligen amerikanischen Regierung, die das Moment des Unheimlichen, des Anti-Politischen bereitwillig verstärkten, stilisierte Osama bin Laden seine Organisation zu einer gleichsam ätherischen Macht, die zu jeder Zeit an jedem Ort zuschlagen könne: Nie mehr werde ein Amerikaner in Sicherheit leben, kündigte er im Schlußsatz seiner ersten Videobotschaft unheilvoll an. Könnte es nicht das gleiche Gefühl sein, daß der Nationalsozialistische Untergrund unter den türkischen Einwanderern erzeugen wollte, indem er sich zufällige, über die ganze Bundesrepublik verstreute Opfer suchte: einer abstrakten, unfaßlichen Macht gegenüberzustehen, als Ausländer in Deutschland zu jeder Zeit, an jedem Ort mit der Gefahr rechnen zu müssen.

Auch die Anthrax-Anschläge, die kurz nach dem 11. September 2001 die amerikanische Gesellschaft in Aufruhr versetzten, und zuvor der Una-Bomber, der Giftgasangriff der Aum-Sekte auf die Tokioer U-Bahn, die Gewalttaten von Charles Manson und christlichen amerikanischen Sekten wie *Heaven's Gate* oder *Peoples Temple* sowie der Anschlag von Oklahoma, für den später Timothy McVeigh zu Tode verurteilt wurde, sind ohne Bekennerschreiber ausgekommen. Dieser relativ neue Typus politischer Gewalt bezieht seine Mächtigkeit gerade aus der Absage an den politischen Diskurs, der Verweigerung jedweder argumentativen Auseinandersetzung. Seine Feindbilder sind nicht mehr auf einen konkreten Staat, eine Regierung oder eine Partei bezogen, sondern auf Herrschaftssysteme, Ethnien oder Kulturen. Entsprechend kann es für diesen Terrorismus, der weder mit der Benennung von Forderungen einhergeht noch die Verhandlungsbereitschaft der Herrschenden herbeibomben will, keinen oder nur den totalen Sieg geben, die eigene Vernichtung oder aber die Ausschaltung, mindestens Vertreibung der gesamten Gegnerschaft, also des herrschenden Systems, der fremden »Rasse«, der Ungläubigen, der minderwertigen Kultur.

Allein, die Antwort auf den bekenntnislosen Terror kann nicht darin liegen, sich seiner Gedankenstruktur anzupassen, seine Unheimlichkeit zu perpetuieren und nun gleichfalls einem System, einer ›Rasse‹, einer Religion oder einer Kultur den Krieg zu erklären. Terroristen haben auch dann eine Ideologie, pragmatische Ziele, ein Netzwerk von Unterstützern und einen ideologischen Rückhalt in Teilen der Gesellschaft, wenn sie ohne Programm, ohne Forderung und ohne Namen auftreten. Der Nationalsozialistische Untergrund hat sich mit dem Selbstmord von Uwe Böhnhardt und Uwe Mundlos sowie der Verhaftung von Beate Zschäpe und weiterer Helfer womöglich aufgelöst. Die Gründe, die zu seiner Entstehung und, bedenklicher noch: zu der Länge seiner Blutspur geführt haben, bestehen fort.

Sowenig man umhinkommt, sich auch mit dem Islam zu beschäftigen, will man den islamischen Extremismus verstehen, so wenig wird man den nationalen Extremismus verstehen, ohne sich mit dem Nationalismus zu beschäftigen. Das gilt umso mehr, als daß das europäische Projekt, das den Nationalismus auf diesem Kontinent dauerhaft zu überwunden haben schien, schon lange vor der Finanzkrise in eine Legitimationskrise geraten ist – ich erinnere nur an das Scheitern einer europäischen Verfassung – und der Bezug auf die eigene Nation auf dem gesamten europäischen Kontinent eine Renaissance erlebt. Man lehnt sich in Deutschland immer noch zurück und verweist auf Länder wie Holland, Österreich, die Schweiz, Ungarn, Italien, Dänemark, Finnland oder Polen, in denen sogenannte rechtspopulistische Parteien bereits an der Regierung beteiligt sind oder waren, teilweise sogar eigene Mehrheiten erlangen konnten. Was dort mit der Wortschöpfung des Rechtspopulismus bezeichnet wird, als handele es sich um ein neuartiges Phänomen, vielleicht sogar eine Art politische Mode, die bald wieder vorbei sein könne, hat tatsächlich eine sehr lange Tradition. Der Rechtspopulismus als eine anti-europäische, fremdenfeindliche, anti-egalitäre und rhetorisch auf das Vokabular des Verteidigungskriegs zurückgreifende politische Bewegung vertritt in wesentlichen Zügen nichts anderes als den Nationalismus des 19. und frühen 20. Jahrhunderts. Er findet in Deutschland noch kein wirksames politisches Forum, auch weil die etablierten Parteien sich bislang bei allen Ausschlägen insgesamt als verhältnismäßig immun gegen nationalistische Tendenzen erwiesen haben. Ein völlig anderes Bild ergibt sich, wenn man – auch mittels empirischer Umfragen – auf die Gesellschaft blickt. Hier unterscheiden sich die Deutschen in ihren Einstellungen keineswegs signifikant von anderen europäischen Gesellschaften. Der Buchhandel ist voll von Bestsellern, ob nun über Fragen der Migration, der Ökonomie, der Kultur, der Geschichte oder der Europäischen Union, die die Welt wieder strikt aus dem Blickwinkel der eigenen Nation betrachten, und mit der *Bild-Zeitung* und dem *Spiegel* streuen die beiden auflagenstärksten Presseorgane des Landes seit Jahren Mißtrauen gegen das europäische Projekt, das dem der britischen oder neuerdings der ungarischen Leitmedien in nichts nachsteht.

Nun gibt es in Deutschland seit der Wiedervereinigung die Hoffnung und spätestens seit der Weltmeisterschaft im eigenen Land sogar die feste Ansicht, den fröhlichen, den friedfertigen und fremdenfreundlichen Patriotismus vom Nationalismus trennen zu können, der das Land im 20. Jahrhundert zweimal in den Abgrund gestürzt und ganze Volksgruppen ausgelöscht hat. Wie die anderen Völker der Erde müßten auch die Deutschen endlich wieder ein normales, ein unverkrampftes Verhältnis zur Nation finden. Tatsächlich haben sich Menschen seit jeher als Angehörige eines Wirs definiert, als Mitglieder einer Gemeinschaft, die von anderen Wir-Gemeinschaften unterschieden ist. Seit jeher haben Menschen die Städte, Regionen und Landschaften besungen, in denen sie geboren, in denen sie aufgewachsen, in denen sie zu Hause sind. Sie haben seit jeher auch eine besondere Bindung an die eigene Sprache empfunden. Daran ist nicht nur nichts Verwerfliches – die Wertschätzung, Pflege und auch Liebe der vertrauten Umgebung, der eigenen Kultur ist so natürlich wie die Liebe zu den eigenen Eltern. Eben in jenen Jahren, da er sich aufs Schärfste vom Patriotismus als einer politischen Haltung distanzierte, verteidigte Lessing die germanischen Traditionen gegen die französische Künstelei der zeitgenössischen Literatur.

Keineswegs so natürlich, wie es seit der Fußball-Weltmeisterschaft im eigenen Land erscheint, ist hingegen die Liebe zur eigenen Nation – allein schon deshalb, weil der moderne Begriff der Nation als einer sprachlich, religiös, territorial und ethnisch weitestgehend einheitlichen Gemeinschaft ein Produkt erst des 19. Jahrhunderts ist. Noch jünger ist die Überzeugung, die politische und die nationale Einheit fielen zusammen und die ganze Erde müsse in Staaten aufgeteilt werden, die jeder für sich dem Kriterium der Nation entsprechen. Der Begriff des Nationalstaates, der in der Amerikanischen und Französischen Revolution entstand und vom bürgerlichen Liberalismus des 19. Jahrhunderts aufgegriffen wurde, beruhte ja gerade nicht auf der ethnischen oder kulturellen *Einheitlichkeit*, sondern dem politischen *Einverständnis* seiner Bürger, wie sie die Bundesrepublik im schönen Wort des Verfassungspatriotismus wiederentdeckt hat. Der ethnisch, territorial und sprachlich begründete Begriff des Staats und einer auf Nationen beruhenden Weltordnung ist hingegen ein Kind erst des späten 19. Jahrhunderts. Die Gewalt, die in diesem Anspruch steckt, insofern sich die behauptete Homogenität selten und schon gar nicht im deutschen Sprachraum mit der ethnischen, sprachlichen und religiösen Vielfalt der tatsächlichen Lebenswirklichkeit deckte, ist heute beinah vergessen, da der Nationalbegriff nicht nur in Europa, sondern auch in anderen Teilen der Welt zum Glück überwiegend entschärft wurde, sei es durch die Einbindung in transnationale Organisationen, sei es durch zunehmende ökonomische und kulturelle Verflechtungen und die immensen Wanderungsbewegungen der Völker, aber ebenso durch die multinationalen Traumbilder der Kulturindustrie und die Gegenwelt des Sports. Wer bei einem Fußballspiel die deutsche Fahne schwenkt, denkt in der Regel nicht an die Welt*herrschaft*, sondern nur noch an die Welt*meisterschaft*.

Aber, um nur diese nächstliegende Erfahrung aus dem Alltag zu nehmen, wer als Fußballfan im Eifer eines wichtigen Meisterschaftsspiels schreiend, anfeuernd, grölend selbst gefühlt hat, daß die eigene Mannschaft grundsätzlich recht hat, wenn sie ein Foul oder eine Abseitsstellung des Gegners reklamiert, während umgekehrt die gegnerische Mannschaft grundsätzlich unrecht hat, wenn sie behauptet, der Ball sei in vollem Umfang hinter *unserer* Torlinie aufgesprungen, der sollte ahnen, wie gefährlich die Überhöhung der kollektiven Zugehörigkeit wäre, würde man sie von der Ebene des Spiels zurück auf die Ebene der Politik und des gesellschaftlichen Handelns übertragen. Lessing hat das in seinem Trauerspiel bezeichnet, wo Philotas sich gar nicht erst auf ein Gespräch mit dem feindlichen

König Aridäus über den Krieg einlassen will, weil sein Standpunkt unverrückbar sei: »Ich weiß weiter nichts, als daß du und mein Vater in Krieg verwickelt sind; und das Recht – das Recht, glaub' ich, ist auf Seiten meines Vaters. Das glaub' ich, König, und will es nun einmal glauben – wenn du mir auch das Gegenteil unwidersprechlich zeigen könntest.« Mit diesem letzten Halbsatz – »und will es nun einmal glauben – wenn du mir auch das Gegenteil unwidersprechlich zeigen könntest« – ist präzise der Sprengstoff umschrieben, der in der Ideologisierung des Gemeinschaftsgefühls liegt: die Immunität der kollektiven Wahrheit gegen die individuelle Erfahrung und Einsicht.

Unter allen Aspekten der Mordserie, für die das Zwickauer Trio und deren Helfer verantwortlich sind, beschämt am meisten vielleicht dieser, daß über einen Zeitraum von über zehn Jahren und trotz offenkundiger Verdachtsmomente niemand den Opferfamilien, einigen Aktivistengruppen und engagierten Journalisten glauben mochte, die ein rassistisches Verbrechen vermuteten. Schlimmer noch, wurden die Opfer eines nach dem anderen zu Schuldigen erklärt, die in Drogengeschäfte oder Schutzgeldgeschichten verwickelt seien, vielleicht liege auch ein Fall von Blutrache oder ein Eifersuchtsdrama vor, ein »Ehrenmord« also. Für dieses Versagen sind zunächst die Sicherheitskräfte des Landes verantwortlich, die Polizei, die ermittelnden Staatsanwaltschaften und vor allem der Verfassungsschutz, der die Morde nicht nur nicht aufgeklärt, sondern ihre Aufklärung aktiv verhindert hat, wie Heribert Prantl in der *Süddeutschen Zeitung* resümierte. So schilderte Siegfried Mundlos, der Vater des Terroristen, einem Reporter, wie sich Verfassungsschutz und Polizei gegenseitig mißtrauten. Einmal standen zwei

Männer vor seiner Tür und rieten, eine Telefonzelle aufzusuchen, sollte er mit seinem Sohn telefonieren – dann könne die Polizei nicht mithören. Wie die *Berliner Zeitung* berichtete, soll der Verfassungsschutz den Thüringer Neonazi-Anführer Tino Brandt ständig über die Observationsmaßnahmen der Polizei auf dem laufenden gehalten haben. Es sei sogar vorgekommen, daß Verfassungsschützer in ihren Autos die Autos verfolgten, die ihrerseits Brandt hinterherfuhren.

Man wünschte sich, daß solche Pannen nur dem Dilettantismus der ermittelnden Behörden zuzuschreiben wären. Tatsächlich aber werden Woche für Woche immer wieder neue Belege für die Voreingenommenheit und auch Fahrlässigkeit der Staatsschützer im Umgang mit rechter Gewalt bekannt. Es ist aus heutiger Sicht schlicht nicht erklärbar, warum der Verfassungsschutz einen rechtsextremen Hintergrund der Mordserie bis zuletzt ausgeschlossen hatte. Stellvertretend sei nur an das Lied erinnert, mit dem die einschlägig bekannte Band *Gigi & die Braunen Stadtmusikanten* die Mordserie feiert: »Bei allen Kebabs herrschen Angst und Schrecken./Der Döner bleibt im Halse stecken,/denn er kommt gerne spontan zu Besuch,/am Dönerstand, denn neun sind nicht genug.« Dieses Lied, das eindeutig Täterwissen voraussetzt, wurde nicht anonym ins Internet gestellt, sondern auf Konzerten gespielt und von Hunderten begeisterter Fans mitgesungen. Es war in der Szene, die doch von V-Leuten durchsetzt ist, wohlbekannt, es war ein regelrechter Hit. Dennoch blieb die Band unbehelligt und wurden erst nach dem 4. November 2011 Ermittlungen gegen den Sänger Gigi alias Daniel Giese eingeleitet. Der Verfassungsschutz wollte, um Lessings Wort aus dem *Philotas* noch einmal aufzunehmen, auch dann nicht an eine deutsche Täterschaft glauben, als ihm das Gegenteil längst unwidersprechlich gezeigt ward.

Seit 1989 zählen antirassistische Initiativen 182 Tote rechter und rassistischer Gewalt. Mindestens 150 Tote sind es in den Auflistungen der deutschen Presse. Die Bundesregierung beharrt dagegen bis heute auf »lediglich« 47 Opfern. Das weist darauf hin, daß die strukturelle Verdrängung fortdauert. Sie ist eine Ursache dafür, daß Uwe Mundlos, Uwe Böhnhardt und Beate Zschäpe dreizehn Jahre lang verschwunden bleiben konnten, obwohl es zahlreiche Hinweise auf ihren Wohnort gab, obwohl sie sich offenbar keineswegs abschotteten, obwohl sie ein weitverzweigtes Netz von Unterstützern und Sympathisanten hatten, die auf Versammlungen für sie warben und Geld sammelten. Diese strukturelle Verdrängung ist eine Ursache dafür, daß die Ermittler sich bis zuletzt auf die These von Mafia-Morden versteiften. Zwischen 2001 und 2011 nahm die Zahl rechtsextremer Straftaten um die Hälfte zu. Das Bundesamt für Verfassungsschutz aber schloß 2006 seine Abteilung für Rechtsextremismus. Die jetzige Jugendministerin Kristina Schröder kürzte 2009 drastisch die Mittel für Initiativen, die sich gegen Fremdenfeindlichkeit einsetzen, und hätte sie Ende 2011 ein weiteres Mal gekürzt, wenn nicht die Verbrechen des Nationalsozialistischen Untergrunds bekannt geworden wären.

Es gibt niemanden mehr in der deutschen Politik, nicht einmal den Verfassungsschutz selbst, der ein massives, ein bis dahin nicht für möglich gehaltenes Versagen des Sicherheitsapparats bestreitet. Aber ebensowenig ist ein Beleg dafür aufgetaucht, daß die Zwickauer Terroristen von Elementen innerhalb des Verfassungsschutzes gedeckt wurden. Wahrscheinlicher ist, daß die Pannenserie keiner Absicht geschuldet, sondern Ausdruck und Folge einer gesellschaftlichen Stimmung war. Schließlich war die Öffentlichkeit nur zu bereit, ihre eigenen Klischees und Vorurteile bestätigt zu bekommen, und verweigerte auch sie den Opferfamilien jedwede Empathie. Den Ausdruck »Döner-Morde« etwa hat nicht der Verfassungsschutz, sondern haben seriöse Zeitungen in den öffentlichen Sprachgebrauch eingeführt; er liegt nicht sehr weit entfernt von der »Aktion Dönerspieß«, von der die Täter selbst sprachen. Was sagt das Wort ›Döner-Morde‹ anderes aus, als daß es sich um ein kulturbedingtes, einem westlich-rationalen Verständnis nicht zugängliches Verbrechen handelt, das nur ein weiteres Argument dafür liefert, den Türken mit Argwohn zu begegnen? Noch 2005, als sich die Hinweise auf ein rassistisches Motiv längst verdichtet hatten, behauptete die *Bild-Zeitung*, daß alle sechs bisherigen Opfer der Mordserie Geschäfte mit einem In- und Exportunternehmen in Istanbul gemacht und dabei vor allem in Drogengeschäfte investiert hätten. Ein Jahr später schwang sich der *Spiegel* zu der These auf, die »schwer durchdringbare Parallelwelt der Türken schützt die Killer«[7]. 2009 machte dasselbe Magazin dann die Wettmafia verantwortlich, um 2011, wenige Monate vor den Selbstmorden in Eisenach, »eine Allianz zwischen rechtsnationalen Türken, dem türkischen Geheimdienst und Gangstern«[8] hinter den Morden zu vermuten.

Was diese Art der Vorverurteilung für die Betroffenheit konkret bedeutete, sei hier nur stellvertretend an dem Mordfall angedeutet, der in dieser Stadt geschah: Der Vater des Gemüsehändlers Süleyman Taşköprü hielt die Leiche seines Sohnes noch im Arm, als er schon aus dem Ladenlokal weggeführt und mehrere Stunden lang auf der Polizeiwache verhört wurde. Obwohl der Verdacht weder in diesem ersten noch in weiteren Verhören erhärtet werden konnte, schrieben die Zeitungen dieser Stadt kurz darauf, daß Süleyman Taşköprü wohl in kriminelle Machenschaften verwickelt gewesen sei. Nachbarn distanzierten sich, Freundschaften zerbrachen. Dem Mord an dem Sohn folgte der Rufmord der Familie. Nicht nur den Taşköprüs ist das widerfahren, sondern so oder noch drastischer den Angehörigen fast aller zehn Mordopfer, die bis zum 4. November 2011 allein blieben mit ihren Vermutungen, daß ihr Vater, ihr Gatte, ihr Sohn einem rassistischen Verbrechen zum Opfer gefallen sei. Fairerweise muß man hinzufügen, daß sich der *Spiegel* und manche andere Redaktionen inzwischen selbstkritisch mit der Ausrichtung und dem Vokabular ihrer eigenen Berichterstattung auseinandergesetzt haben.

An Lessing wird zu Recht seine Kenntnis fremder Kulturen und sein Eintreten für Toleranz gerühmt. Er war einer der ersten deutschen Autoren, die den Ausdruck »Kosmopolit« und dessen deutsche Entsprechung »Weltbürger« verwandten. Seltener in den Blick gerät, daß diese Weltoffenheit mit einem konsequent kritischen Bezug auf die eigene Gesellschaft einherging. »Ich habe«, so schrieb er am 16. Dezember 1758 in einem Brief, »überhaupt von der Liebe des Vaterlandes (es thut mir leid, daß ich Ihnen meine Schande gestehen muß) keinen Begriff, und sie scheinet mir aufs höchste eine heroische Schwachheit, die ich recht gern entbehre«[9]. Nun bedeutete Patriotismus Mitte des 18. Jahrhunderts noch etwas völlig anderes als seit dem späten 19. Jahrhundert. Das Vaterland, das geliebt werden sollte, war keine Nation, sondern ein einzelner Staat innerhalb eines Sprachraums, der durch den Buchdruck, die Bibelübersetzungen, die zunehmende Alphabetisierung und die deutsche Literatur erst allmählich zu einem gemeinsamen Bewußtsein fand. Für Lessing hätte Patriotismus vor allem eine Entscheidung zwischen Sachsen und Preußen bedeutet, die gegeneinander Krieg führten, zwischen Berlin und Leipzig, wo er gleichermaßen zu Hause war, so wie heute sich jemand wie selbstverständlich sowohl Deutschland als auch der Türkei zugehörig fühlen mag. Lessing stand also, um es mit einem gängigen Wort heutiger Migrationsdebatten zu sagen, in einem schweren Identitätskonflikt. Er selbst freilich sah das ganz anders; sah nicht den Konflikt, sondern den Reichtum der doppelten, als Weltbürger sogar: vielfachen Zugehörigkeit. Er sei »einer der unparteiischsten Menschen von der Welt«, entgegnete er einmal fröhlich dem Vorwurf mangelnder Loyalität.[10] Und weil ich wie alle Kinder von Einwanderern, die sich kritisch zu deutschen Verhältnissen äußern, den Einwand gewohnt bin, ich solle doch erst einmal vor meiner eigenen Tür kehren, möchte ich wenigstens im Zusammenhang mit dem Thema der heutigen Rede einmal darauf hinweisen, daß Deutschland, auch Deutschland, mein eigenes Land, meine eigene Kultur ist.

Lessing hat den Patriotismus allerdings nicht oder nicht nur deshalb abgelehnt, weil er zu unterschiedlichen Zeiten verschiedenen Staaten angehörte. Dann hätte er sich in seiner Berliner Zeit immer noch in die preußische, in seiner Leipziger Zeit in die sächsische Mehrheitsgesellschaft integrieren können. Indes verhielt es sich genau umgekehrt: Wie er in seinen späteren Jahren einmal selbst bemerkte, hielt man ihn in Leipzig für einen Erzpreußen und in Berlin für einen Erzsachsen, und für beide Deutungen finden sich in seinen Schriften Belege.[11] Seine Absage an den Patriotismus bezog sich grundsätzlich auf den Staat, der Lessing gerade am nächsten stand. Lessing war ein Nestbeschmutzer aus Überzeugung, ein »Virtuose des Ärgers«, wie Daniel Kehlmann ihn genannt hat.[12] Die Selbstkritik ist bei Lessing dabei keineswegs nur ein politischer oder ideologischer Impetus. Lessing, der uns in der Schule als ein Weltweiser vermittelt wird, hatte eine grundsätzliche Neigung, sich gegen das aufzulehnen, was als gängige Meinung daherkam. »Der Geist des Widerspruchs ist ihm so eigen«, hat sein alter Freund Christian Felix Weiße über ihn gesagt, »daß er der Erste gewesen sein würde sich selbst zu widersprechen, sobald man seine paradoxen Sätze mit Beifall aufgenommen hätte.«[13] Lessings Invektiven gegen die herrschende Theologie seiner Zeit sind Legende, und sein berühmtestes Stück, *Nathan der Weise*, das heute so gern zum Ausweis des europäischen Toleranzgedankens herangezogen wird, nimmt explizit die Vertreter der eigenen, der christlichen Religion als Träger der Toleranz aus.[14] Aber auch in ästhetischen Fragen war Lessing ein ätzender Polemiker, ein notorischer Widersprecher und ein Meister der Beleidigung, wenn der Adressat nur angesehen genug war, sei es ein Klopstock, sei es ein Wieland. Ebenso berühmt wie charakteristisch ist der Beginn seiner Volte gegen Johann Christoph Gottsched, der seinerzeit höchsten Autorität der deutschen Literatur: »»Niemand, sagen die Verfasser der Bibliothek, wird leugnen, daß die deutsche Schaubühne einen großen Teil ihrer ersten Verbesserung dem Herrn Professor Gottsched zu danken habe.‹ Ich bin dieser Niemand; ich leugne es gerade zu.«[15] Zugleich hat Lessing sich zeit seines Lebens rührend um Außenseiter der Gesellschaft bemüht, hat seinen jüdischen Freund Moses Mendelssohn verteidigt, Bettler genährt, Vagabunden wochenlang bei sich beherbergt, ehemaligen Häftlingen, Prostituierten, schwierigen Naturen ausgeholfen, die sich Ärger eingehandelt hatten oder in Not geraten waren. Von Lessing lernen bedeutet also nicht nur, die Selbstkritik zum Prinzip zu erheben, dem Geltenden zu widersprechen. Es bedeutet genauso die Wertschätzung des Fremden, den Beistand für den Schwachen. Das ist, so meine ich, ein fundamentaler Anspruch an jedwede Intellektualität und Literatur auch heute: der Respekt für das andere und die Unerbittlichkeit gegen das Eigene; die Verteidigung des Marginalisierten und die Bestreitung des Herrschenden.

Mit dieser Haltung steht Lessing nicht allein in der deutschen Literatur, im Gegenteil. In Preis- und Festtagsreden wird gern an den Beitrag der Dichter und Denker für die Nationenwerdung erinnert. Tatsächlich war es die Literatur, die im ausgehenden 18. Jahrhundert den Klein- und Zwergstaaten zu einem gemeinsamen, spezifisch »deutschen« Selbstbewußtsein verhalf. In der Dichtung kompensierten die Deutschen ihre Zersplitterung und die mangelnde politische Partizipation. Infolge der politischen Übermacht Ludwigs XIV. sprachen die Adeligen bis ins 18. Jahrhundert Französisch, während die Gelehrten weiterhin Latein schrieben. Indem die deutschen Dichter und Philosophen Mitte des 18. Jahrhunderts begannen, auf deutsch zu schreiben, und sich von der französischen Kultur distanzierten, schufen sie die Grundlage auch für die politische Emanzipation. Allerdings übersehen viele Preis- und Festtagsredner einen entscheidenden Umstand, wenn sie zum Lob der Nation die Literatur heranziehen: Als Deutschland sich schließlich als ein geistiges und später als politisches Gebilde herausgeschält hatte, dachten Deutschlands Literaten längst über Deutschland hinaus. Nicht mehr auf die deutsche, sondern auf die europäische Einigung haben die großen deutschen Dichter und Philosophen des späten 18. und des 19. Jahrhunderts – ob Goethe, ob Kant – geblickt. In Deutschland war die Aufklärung von Beginn an kein nationales, sondern ein europäisches Programm. Auch in der Literatur folgte man nicht etwaigen deutschen Vorbildern, sondern hielt sich an die außerdeutsche Literatur von Homer über Shakespeare bis Byron. *Deutsch* wollte die deutsche Literatur gerade nicht sein – und war es dann gerade durch die Aneignung nicht-deutscher Motive und Muster. »Abriß von den europäischen Verhältnissen der deutschen Literatur« nannte August Wilhelm Schlegel seinen 1825 erschienenen Aufsatz über die Eigenheiten des deutschen Geisteslebens: »Wir sind, darf ich wohl behaupten, die Kosmopoliten der Europäischen Cultur.«[16]

Als literarisches wie politisches Projekt sollte Europa die regionalen und nationalen Besonderheiten nicht nivellieren, wohl aber die politischen Grenzen zwischen den Nationen auflösen. Mit dieser Vision widersprachen sie dem deutschnationalen Zeitgeist, der sie im Rückblick gern für sich vereinnahmt. Der Widerspruch gegen das Nationale verschärfte sich im 20. Jahrhundert und zumal nach den Erfahrungen des Ersten Weltkriegs: Es war der Traum von einem demokratischen Staatenbund Europas, den Hofmannsthal, Hesse, die Familie Mann, Tucholsky, Zweig, Roth oder Döblin dem Nationalismus in Deutschland und Österreich entgegenhielten. Die Vorstellung ist grotesk, daß auch nur einer von ihnen inbrünstig eine Nationalhymne mitgesungen hätte, wie es heute in Deutschland von den türkisch-, polnisch- oder arabischstämmigen Spielern der Nationalmannschaft eingefordert oder sogar zur Bedingung gemacht werden soll.

Gewiß nicht alle, aber doch auffallend viele jener Autoren, die heute vom Fernsehen als Großdeutsche trivialisiert werden, waren in ihrer eigenen Zeit Sonderlinge und Dissidenten. Sie wurden verfolgt, ins Exil getrieben oder hatten im besten Fall ein gebrochenes Verhältnis zu ihrem Vaterland. Wenn hurra-patriotische Bestseller heute sogar den Autor des *Wintermärchens* als Grund ihres Nationalstolzes anführen, ist das absurd. Heinrich Heine hat Deutschland geliebt, ja – aber noch mehr hat er sich für Deutschland geschämt. Und gehen Sie die Reihe der deutschen Dichterfürsten durch: Lessing mit seinem Toleranzstück *Nathan der Weise*, das bis zu seinem Tod nicht aufgeführt werden durfte, und dem Schlußwort aus der *Hamburgischen Dramaturgie;* Schiller mit den Tiraden des Karl Moor; Heine und Hölderlin, Büchner und Börne. Viele Großdeutsche von heute waren zu ihrer Zeit Anti-Deutsche oder hatten jedenfalls ein Verständnis von Patriotismus, das sich aller deutschen Selbstverklärung und jedem Leit- oder Überlegenheitsdünkel versperrt. Im 20. Jahrhundert geht die Kritik, welche die klügsten und wahrhaftesten Vertreter der deutschen Literatur an Deutschland übten, sogar in Vernichtungsphantasien über. Als Albert Einstein (laut einer Abendshow des Zweiten Deutschen Fernsehens die Nummer zehn auf der Rangliste der »100 größten Deutschen«) nach dem Ende des Zweiten Weltkriegs die Ansicht vertrat, Deutschland müsse nicht nur entindustrialisiert, sondern als Strafe für den Massenmord in seiner Bevölkerungszahl verringert werden, da schrieb sein deutscher Mitexilant Thomas Mann (der unter den »besten Büchern der Deutschen« allein mit vier Titeln vertreten ist): »Mir fällt nicht viel ein, was dagegen zu sagen wäre.«[17]

Selbst Deutschlands Nationaldichter Johann Wolfgang von Goethe eignet sich bei näherer Kenntnis kaum für die nationale Erbauung. Zwar spricht er im 17. Buch seiner Autobiographie einmal vom »beruhigte[n] Zustand des Vaterlands«, da »von dem Höchsten bis zu dem Tiefsten, von dem Kaiser bis zu dem Juden herunter die mannigfaltigste Abstufung aller Persönlichkeiten, anstatt sie zu trennen, zu verbinden schien«[18]. Doch ebenjener Thomas Mann hat am Ende seines Vortrags über »Deutschland und die Deutschen«, den er im Mai 1945 in der Library of Congress hielt, daran erinnert, daß niemand anderes als Goethe »so weit gegangen war, die deutsche Diaspora herbeizuwünschen«[19]. Die Bemerkung Goethes, die Thomas Mann als Beleg anführte, stammt aus einem Gespräch mit Kanzler von Müller vom 14. Dezember 1808: »Verpflanzt, zerstreut wie die Juden in alle Welt müßten die Deutschen werden, um die Masse des Guten ganz und zum Heil aller Nationen zu entwickeln, die in ihnen liegt.«[20] Wer praktisch zum Kriegsende in der Hauptstadt der Nation, die Deutschland besiegt hat, ausgerechnet diesen Satz zitiert, eignet sich genausowenig wie der Zitierte als Gewährsmann eines fröhlichen Patriotismus. So belastet war Goethes Verhältnis zu den Deutschen, daß ihn der amerikanische Finanzminister Henry Morgenthau jr. 1945 als Kronzeuge für seinen Plan anführte, Deutschlands Industrie zu zerstören: »Ich habe oft einen bitteren Schmerz empfunden bei dem Gedanken an das teutsche Volk, das so achtbar im Einzelnen und so miserabel im Ganzen ist.«[21] Und Goethe fährt in dem Zitat fort: »Eine Vergleichung des teutschen Volkes mit anderen Völkern erregt uns peinliche Gefühle.«[22]

Die Kritik und sogar Absage an Deutschland ist ein Leitmotiv der deutschen Literaturgeschichte. In ihrer Schärfe und Durchgängigkeit ist diese nationale Selbstkritik in wohl keiner anderen Literatur zu finden. Sie ist keineswegs erst ein Produkt der Nachkriegszeit, sondern schon lange vor dem Nationalsozialismus charakteristisch für die deutsche Literatur, so daß Thomas Mann in seinem Vortrag bemerken konnte, er habe der »deutschen Tradition nicht treuer folgen können als eben« mit der Kritik an Deutschland: »Darum ist es für einen deutsch geborenen Geist auch so unmöglich, das böse, schuldbeladene Deutschland ganz zu verleugnen und zu erklären: ›Ich bin das gute, das edle, das gerechte Deutschland im weißen Kleid, das böse überlasse ich euch zur Ausrottung.‹ Nichts von dem, was ich Ihnen über Deutschland zu sagen oder flüchtig anzudeuten versuchte, kam aus fremdem, kühlem, unbeteiligtem Wissen; ich habe es auch in mir, ich habe es am eigenen Leibe erfahren.«[23] Sooft man noch fordern wird, endlich ein »normales«, ein unverkrampftes Verhältnis zu Deutschland zu finden – Deutschlands Dichter zeichneten sich gerade auch durch ihr angespanntes Verhältnis zu Deutschland aus. Sie sind große Deutsche, obwohl oder gerade indem sie mit Deutschland haderten. Anders gesagt: Stolz darf Deutschland auf jene sein, die nicht stolz waren auf Deutschland.

Der herrschende Diskurs hat seit jeher die gegenteilige Ausrichtung, ob zu Lessings, ob zu unserer Zeit, ob in

Deutschland oder in anderen Ländern. Er ist apologetisch gegenüber sich selbst und kritisch gegenüber anderen, er preist den Erfolgreichen und beschuldigt den Schwachen. Man kann beinah beliebig jeden Bestseller der letzten Jahre zum Thema Europa, jede Talkshow zum Thema Migration, jede Schlagzeile der *Bild-Zeitung* zum Thema Hartz IV nehmen, fundiert oder niveaulos, wohlmeinend oder reißerisch, es geht nicht um das Urteil, es geht um die Struktur des Diskurses: Das Wir, das darin auftritt, ist stets das Bedrohte. Hingegen steht das Fremde – der Einwanderer, der Muslim, der Osteuropäer, der Asylbewerber, die europäischen Institutionen und neuerdings der Grieche – grundsätzlich für die Bedrohung. Die Positionen in den Bestsellern, Talkshows und Schlagzeilen unterscheiden sich lediglich danach, ob dieses Problem als lösbar oder als unlösbar dargestellt wird. Lessings Staatsverständnis hingegen ist im Kern egalitär und schon zwei Jahrzehnte vor der Französischen Revolution, zwei Jahrhunderte vor den unaufhebbaren Grundrechten des deutschen Grundgesetzes anti-populistisch gewesen. Er widersetzt sich der Dichotomie zwischen dem Eigenen und dem Fremden, zwischen Mehrheitsgesellschaft und Minderheit, dem Herrscher und den Beherrschten. Wir – das ist für Lessing jeder. Nicht an der Mehrheit, am Status der Minderheiten bewertet er den Zustand des Staates. »Das Totale der einzelnen Glückseligkeiten *aller* Glieder«, schrieb er in den philosophischen Gesprächen zwischen *Ernst und Falk*, »ist die Glückseligkeit des Staates. Außer dieser gibt es gar keine. Jede andere Glückseligkeit des Staats, bei welcher auch noch so wenig einzelne Glieder leiden, und leiden *müssen*, ist die Bemäntelung der Tyrannei. Anders nichts!«[24]

Nach dem 4. November 2011 sagte der Soziologe Wilhelm Heitmeyer, er sei entsetzt über den Eindruck, den viele Politiker und manche Medien noch immer erzeugten, es handele sich bei dem Nationalsozialistischen Untergrund um »ein paar Außenseiter in einer sonst intakten und humanen Gesellschaft«. Ihre Legitimation der Gewalt hätten die Rechtsterroristen »aus einem Vorrat an menschenfeindlichen Einstellungen in der Bevölkerung« geschöpft.[25] In seiner empirischen Langzeituntersuchung *Deutsche Zustände*, deren zehnte Folge im Herbst 2011 erschien, kommt Heitmeyer selbst zu durchaus differenzierten Befunden. Einerseits nimmt die potentielle Anhängerschaft einer rechtspopulistischen Partei in Deutschland deutlich ab; andererseits nehmen rechtspopulistische Ansichten unter allen Befragten deutlich zu. Jeder zehnte Deutsche pflichtet inzwischen dem Satz zu, »durch Anwendung von Gewalt können klare Verhältnisse geschaffen werden«. Jeder Fünfte meint, »wenn andere sich bei uns breit machen, muß man ihnen unter Umständen unter Anwendung von Gewalt zeigen, wer Herr im Hause ist«. Dem Satz »Um Recht und Ordnung zu bewahren, sollte man härter gegen Außenseiter und Unruhestifter vorgehen« stimmen mehr als zwei Drittel der Befragten zu. Zu ähnlichen Befunden kommt eine Studie der Friedrich-Ebert-Stiftung über rechtsextreme Einstellungen in Deutschland. Mehr als jeder zehnte Deutsche wünscht sich demnach einen »Führer, der Deutschland zum Wohle aller mit harter Hand regiert«. Ebenso groß ist der Anteil der Deutschen, die die Diktatur für eine bessere Staatsform halten. Heitmeyer spricht von einer »Ideologie der Ungleichwertigkeit«, die sich in der gesamten Gesellschaft ausbreite, und sieht den Rechtspopulismus zwar als politische Kraft derzeit auf dem Rückzug, diagnostiziert aber für nationalistische, xenophobe und anti-egalitäre Haltungen eine immer größere Akzeptanz in den etablierten Foren öffentlicher Meinungsbildung, sei es in den Parteien oder der Talkshowdemokratie des öffentlich-rechtlichen Fernsehens, sei es in Feuilletons oder auf den Bestsellerlisten. Daß der größte unter allen Bucherfolgen der letzten Jahre oder sogar der gesamten deutschen Nachkriegsgeschichte einer Schrift zukam, die die Überlegenheit des Eigenen und die Bedrohung durch das Fremde nicht mehr nur kulturell erklärt wie im Rechtspopulismus, sondern genetisch festschreibt wie im nationalsozialistischen Denken, ist dabei mehr als nur ein Zufall. Es ist ein Menetekel.

Ich habe mich im vergangenen Jahr nicht an der Debatte um Thilo Sarrazin beteiligt, weil ich mit der Fertigstellung des Romans beschäftigt war, den das Thalia Theater und das Hamburger Schauspielhaus vergangenen Mittwoch so wundervoll in ein Ereignis verwandelten. Aber als ich mich im Vorfeld der heutigen Rede fragte, welche Worte gemeint seien, die der Nationalsozialistische Untergrund durch Taten ersetzt hat, und deshalb die programmatischen Diskussionen innerhalb der NPD und die theoriebildenden Zeitschriften des deutschen Rechtsextremismus studierte, stieß ich so häufig auf die Abschaffung Deutschlands, daß ich nicht umhinkam, das Buch nun doch selbst zu lesen – kein anderer Autor der letzten Jahre hat das völkische Denken so sehr elektrisiert wie Thilo Sarrazin. Und wenn ich mich im folgenden zu seinen Thesen äußere, müßte selbst er mir eine gewisse Kompetenz zubilligen, schließlich führt er mich als Zeugen seiner Anklage auf und scheint mich also nicht zu den

Gutmenschen, Islamverherrlichern und Toleranzpredigern zuzurechnen, als deren radikalsten unter Deutschlands Dichtern man ohnehin Gotthold Ephraim Lessing anklagen müßte.

Wird Sarrazin selbst auf die breite Rezeption und einhellige Zustimmung angesprochen, die seine Thesen in der rechtsextremen Szene Deutschlands gefunden haben, antwortet er achselzuckend, daß die Erde auch dann rund bliebe, wenn Nazis sie für rund erklärten. Das Problem ist, daß die Gemeinsamkeiten, die der Neonazismus mit Sarrazin entdeckt, sich keineswegs auf Selbstverständlichkeiten beziehen, sondern das zivilisatorische Weltbild auf den Kopf stellen, das sich auf der Grundlage der Antike und des Monotheismus, im Zuge der Französischen Revolution und der Aufklärung, infolge zweier Weltkriege und der Katastrophen des europäischen Nationalismus im Westen herausgebildet hat. Damit meine ich gar nicht so sehr Sarrazins Äußerungen über den Islam und die Forderung nach einer restriktiven Ausländerpolitik, so vehement sie den Konsens unter den demokratischen Parteien aufkündigen, der sich seit der Hinwendung der CDU zu einer aktiven Gestaltung der Einwanderungsgesellschaft herausgebildet hat. Aber solche Einsprüche konnte man so und noch aggressiver schon in vielen Büchern lesen. Ich meine auch nicht sein Plädoyer für ein dezidiert nationalistisches Politikverständnis, das dem Projekt der europäischen Einigung im Kern widerspricht. Ich meine nicht einmal Sarrazins Familienbild, das die Mutter zuerst als Gebärende sieht. Nein, ich meine Sarrazins Betonung der Ungleichheit der Menschen und seine Ansichten zur Bevölkerungspolitik, ich meine seine Thesen zum Zusammenhang zwischen Selektionsdruck, Abstammung und

Intelligenz, ich meine die Autoren, auf die Sarrazin sich in den Fußnoten beruft, Forscher wie Kevin B. MacDonald, der in David Irvings Prozeß als Zeuge für den britischen Holocaust-Leugner auftrat, oder den Leipziger Genealogen Volkmar Weiss, den die NPD im sächsischen Landtag als Sachverständigen in die Enquete-Kommission »Demographie« berief. Ich meine Sarrazins Biologisierung des Judentums, wenn er das »Juden-Gen« anpreist oder die »rassenhygienischen« Analysen, wenn er »den Anteil der angeborenen Behinderungen unter den türkischen und kurdischen Migranten«[26] beklagt. Nicht zuletzt meine ich Sarrazins entwürdigende Sprache, die ganze Bevölkerungsgruppen auf ihren – noch dazu äußerst fragwürdig berechneten – ökonomischen Nutzwert reduziert, ohne das Ressentiment verbergen zu können, das der scheinrationalen Argumentationskette zugrunde liegt.

Als Beispiel für viele andere Formulierungen sei nur das Diktum Sarrazins aus dem berühmt gewordenen Interview mit der Kulturzeitschrift *Lettre International* angeführt, mit dem es Sarrazin ein Jahr vor Erscheinen des Buches bereits mehrfach auf die Titelseiten der *Bild-Zeitung* brachte: Er müsse niemanden anerkennen, der »ständig neue kleine Kopftuchmädchen produziert«[27]. »Das Wort ›produzieren‹ drückt an dieser Stelle zum einen den psychopathologischen Ekel des Redners vor der Sexualität der so genannten Unterschicht, verbunden mit Sexualphantasien, aus«, analysiert der Berliner Soziologe Achim Bühl; »zum anderen stellt er eine drastische Form der Entmenschlichung dar, insofern der Terminus in der Regel nur für Sachen, nicht aber für Personen benutzt wird.« Zum Begriff »Kopftuchmädchen« bemerkt Bühl, daß dieser auf die »Entpersönlichung« einer ganzen Bevölkerungsgruppe ziele: »Ihre Reduktion auf die singuläre Eigenschaft des ›Kopftuchtragens‹ – zumal im Kontext des Unerwünschtseins ihrer Existenz – geht einher mit dem Verlust persönlicher Würde und menschlicher Rechte«[28]. Und Sarrazin beläßt es keineswegs dabei, utilitaristisch den Minusfaktor herauszurechnen, der dieser oder jener Bevölkerungsgruppe pauschal zukommt, sondern fordert bereits in diesem ersten Interview konkrete pro-natalistische Maßnahmen, damit die Türken Deutschland nicht erobern, wie die Kosovaren das Kosovo erobert hätten: »Je niedriger die Schicht, desto höher die Geburtenrate. Die Araber und Türken haben einen zwei- bis dreimal höheren Anteil an Geburten, als es ihrem Bevölkerungsanteil entspricht. Große Teile sind weder integrationswillig noch integrationsfähig. Die Lösung dieses Problems kann nur sein: Kein Zuzug mehr, und wer heiraten will, sollte dies im Ausland tun. Ständig werden Bräute nachgeliefert.«[29] Das Programm einer »weichen«, also durch Sozialleistungen und Ausländergesetze gelenkten Eugenik, das Sarrazin ein Jahr später in seinem Buch konkretisiert – explizit um das Aussterben des deutschen Volkes zu verhindern –, findet sich so drastisch nicht einmal im Parteiprogramm der NPD: »Das Ziel aller Maßnahmen muß sein: Wer aber vom Staat alimentiert wird, soll nicht dazu verführt werden, diese Unterstützung durch Kinder zu erhöhen.«[30] Die eigene, als gewachsen und homogen vorgestellte Volksgemeinschaft vor der Überfremdung durch genetisch minderwertige Völker zu schützen, denen aufgrund ihrer biologischen Veranlagung und kulturellen Prägung nicht nur der Wille, sondern eben die Befähigung (!) zur Integration abgesprochen wird – ein solches Denken ist mehr als nur rechtslastig oder populistisch. Es entspricht bis in Details den gängigen Definitionen des völkischen Nationalismus. Sarrazin, so schreibt es ein führendes Organ der rechtsextremen Theorienbildung, die Zeitschrift *Hier & Jetzt*, in einem Themenheft zu seinem Buch, »Sarrazin hat uns Nationalisten ... aus dem völkischen Herzen gesprochen«[31].

Wohlgemerkt hatte die Mordserie des Nationalsozialistischen Untergrunds viele Jahre vor der Veröffentlichung von Thilo Sarrazins Buch begonnen. Die Abschaffung Deutschlands ist nicht die Ursache, sondern eher der spektakulärste Ausdruck jener »Ideologie der Ungleichwertigkeit«, deren Ausbreitung sich auf vielen Ebenen der Gesellschaft beobachten und empirisch belegen läßt, sei es in bezug auf Fremde, sei es in bezug auf Arme, sei es in bezug auf das Verständnis von Demokratie – spektakulär deshalb, weil der durchschlagende Erfolg Sarrazins ein Gedankengut als mindestens diskussionswürdig etabliert hat, das sich bis dahin nur innerhalb der extremen Rechten artikulierte; spektakulär auch deshalb, weil sich dieser Erfolg dem Zusammenwirken, man könnte auch sagen: dem propagandistischen Kartell der beiden größten Medienkonzerne des Landes verdankt, der Bertelsmann AG, die das Buch verlegt hat, und dem Springer Verlag, der es in einer beispiellosen Kampagne über Wochen auf die Titelseite seiner Zeitungen brachte; und spektakulär schließlich, weil Redaktionen aller politischen Couleur in Form von Vorabdrucken, großen Rezensionen, Magazinbeiträgen, dazu die Wiederholungsschleife der öffentlich-rechtlichen Talkshows und selbst eine so unbescholtene wie anspruchsvolle Zeitschrift wie *Lettre International* mit ihrem vollständig widerspruchsfreien Interview einem Wirtschaftsexperten das denkbar größte Forum in Deutschland gaben, dessen Äußerungen sich als »wahre Fundgrube für die politische Arbeit der national-identitären Rechten« entpuppt hat, um noch einmal *Hier & Jetzt* zu zitieren, »ob nun im Kampf um die Köpfe oder im parlamentarischen Tagesgeschäft«[32]. Oder mit den Worten des Soziologen Achim Bühl: »Kernelemente nationalsozialistischer Ideologie mutieren zu ›Provokationen‹, die wichtige Debatten anstoßen.«[33] Weder Thilo Sarrazin noch die Bertelsmann AG, noch der Springer Verlag und schon gar nicht *Lettre International* tragen die Verantwortung für die Morde an acht Türken, einem Griechen und einer deutschen Polizistin. Gleichwohl haben sie für die Popularisierung des völkischen Nationalismus, dem Uwe Mundlos anhing, mehr bewirkt als der Nationalsozialistische Untergrund. Bis weit in bürgerliche und sogar intellektuelle Milieus haben sie einem Gedankengut, das einer breiten Öffentlichkeit vor wenigen Jahren als selbstverständlich extremistisch gegolten hätte, massenhafte Verbreitung beschert, es gerade auch in seiner herabsetzenden Diktion enttabuisiert und damit in die Mitte der Gesellschaft getragen.

Als die Historikerin und Philosophin Hannah Arendt 1959 in dieser Stadt den Lessing-Preis entgegennahm, widersprach sie Lessing an einer einzigen Stelle ihrer glänzenden Dankesrede. Es ist die Stelle, an der Sultan Saladin den Juden Nathan auffordert, näher zu treten. Hannah Arendt sagte 1959, daß sie eine Haltung, die auf die Aufforderung »Tritt näher, Jude!« im Sinne Nathans mit einem »Ich bin ein Mensch« antwortet, »für ein groteskes und gefährliches Ausweichen vor der Wirklichkeit«[34] hielte. Auf die Frage »Wer bist du?« habe sie lange Jahre die Antwort »Ein Jude« für die einzig adäquate gehalten. Hannah Arendt sagte das mit erkennbarem Bedauern, ja mit einer Trauer, die noch ein halbes Jahrhundert später berührt. Mehrfach betonte sie, daß sie mit dem Ausdruck »Ein Jude« keine irgendwie hervorragende, nicht einmal eine exemplarische Art des Menschseins andeuten wolle. Nicht einmal eine geschichtliche Realität meine sie, sondern »nichts als die schlichte Anerkennung einer politischen Gegenwart, die eine Zugehörigkeit diktiert hatte, in welcher gerade die Frage nach der personalen Identität im Sinne des Anonymen, des Namenlosen mitentschieden war«. Und sie erinnerte an den »so einfachen und doch gerade in Zeiten der diffamierenden Verfolgung so schwer verständlichen Grundsatz, daß man sich immer nur als das wehren kann, als was man angegriffen ist«[35]. Gewiß ist Hannah Arendt nach dem Krieg auch deshalb in den Vereinigten Staaten geblieben, weil sie dort eher als ein Mensch leben und schreiben konnte, nicht als Angehörige eines Volkes.

Im selben Jahr, in dem Hannah Arendt den Lessing-Preis der Stadt Hamburg entgegennahm, sind meine Eltern aus Iran nach Deutschland eingewandert. Acht Jahre später wurde ich in der westfälischen Stadt Siegen geboren. Als ich vor kurzem die Dankesrede Hannah Arendts las, weil ich selbst nun einen Preis in ihrem Namen entgegennehmen sollte, fragte ich mich, was ich wohl anstelle Nathans geantwortet hätte. Es war kurz nach dem 4. November 2011, der ebenjene Morde ans Licht gebracht hatte, denen neun Menschen allein aufgrund ihrer Zugehörigkeit zu einem anderen Volk zum Opfer gefallen waren, als Grieche, als Türken. Einer der Anschläge, so las ich in den Zeitungen, war in unserer unmittelbaren Nachbarschaft geschehen, ein paar Häuser entfernt von der Kölner Kindertagesstätte, in der ich täglich gegen vier meine Tochter abholte. Es gab in der Straße einen kleinen Lebensmittelladen, der von außen nicht als ausländisch erkennbar war, ein etwas größerer Tante-Emma-Laden, den eine iranische Familie übernommen hatte, ohne die Einrichtung oder das Angebot zu ändern. Ich kaufte dort oft ein, zugegeben nicht den großen Einkauf, die Preise waren relativ hoch, aber doch für den täglichen Bedarf, und plauderte dann mit den Besitzern oder ihrer Tochter, einer Gymnasiastin wohl, die hinter der Theke ihre Hausaufgaben schrieb, froh auch darüber, daß meine eigene Tochter ein paar Minuten Persisch hörte und sprach. Irgendwann war dieser Laden zu, die Rolläden herabgelassen. Ich dachte, na gut, es haben wohl die meisten nur für den täglichen Bedarf eingekauft, zum Überleben hat es nicht gereicht. Nach dem 4. November 2011 erfuhr ich, daß einer der beiden Zwickauer Terroristen, der Beschreibung nach Uwe Mundlos, das Ladenlokal mit einem Einkaufskorb betreten hatte, darin eine rotlackierte Weihnachtsdose mit Sternenmuster. Der unbekannte Kunde nahm sich ein paar Lebensmittel aus den Regalen und behauptete an der Theke, seine Geldbörse vergessen zu haben. Er versprach, Geld zu holen, und ließ den Einkaufskorb im Laden zurück. Als der Kunde nicht wieder auftauchte, stellten die Ladenbesitzer den Korb in einen Nebenraum. Vier Wochen später öffnete die Tochter die Weihnachtsdose, in der sich Sprengstoff befand. Sie überlebte schwer verletzt, ihr hübsches Gesicht blieb entstellt. Die Familie verzog unbekannt. Wer hatte den Zwickauer Terroristen den Hinweis zugesteckt, daß der Laden, der auf dem Schild außen noch immer den Namen des deutschen Vorbesitzers und zweier Kölschmarken trug, von

Ausländern übernommen worden war? Der Nationalsozialistische Untergrund muß auch in Köln Unterstützer gehabt haben, bis heute unentdeckt; jedenfalls ist die Gymnasiastin nicht als Mensch angegriffen worden, sondern als Ausländerin, Iranerin, Muslimin, etwa achtzig Meter entfernt von der Kindertagesstätte meiner Tochter. Ich fragte mich also, was ich auf die Anrede als Ausländer, Iraner, Muslim erwidern würde. Würde ich darauf beharren, ein Mensch zu sein, vor allem anderen ein Mensch? Oder hielte ich die Antwort Nathans nach dem 4. November 2011 für ein groteskes und gefährliches Ausweichen? Ich brauchte nicht lang zu überlegen. Ein halbes Jahrhundert nach Hannah Arendts Rede und der Einwanderung meiner Eltern würde ich wieder, würde ich in Deutschland immer noch antworten können, daß ich ein Mensch sei.

Keiner von uns, nicht meine Eltern, nicht meine Brüder, kein anderes Mitglied unserer großen Familie hat mit Deutschland die Erfahrung gemacht, die Hannah Arendt machen mußte. Bei allen Unebenheiten im einzelnen überwiegt bei jedem von uns die Dankbarkeit für die Freiheiten, die dieses Land uns geschenkt, für die Möglichkeiten, die es uns geboten, für die Rechte, die es uns gewährt hat. Ich denke oft, wenn ich von Stadt zu Stadt reise, und noch öfter, wenn ich aus anderen Ländern zurückkehre, daß Deutschland sich in den fünfzig Jahren seit der Lessing-Rede Hannah Arendts und der Einwanderung meiner Eltern zu einem überraschend passablen, sogar zu einem menschenfreundlichen und liebenswerten Land entwickelt hat. Vielleicht spreche ich nicht so oft über diese Liebe, aber man merkt sie meinen Büchern und besonders meinem jüngsten Roman auch an, glaube ich.

Wenn ich nicht darüber spreche, dann aus dem Grund, den Lessing mich lehrt, wenn er bemerkt, daß der Patriot selbst in ihm vielleicht gar nicht ganz erstickt sei – allerdings »das Lob eines eifrigen Patrioten, nach meiner Denkungsart, das allerletzte ist, wonach ich geizen würde; des Patrioten nämlich, der mich vergessen lehrt, daß ich ein Weltbürger sein sollte«[36].

Vielleicht überraschen Sie diese letzten Sätze zum Ende ausgerechnet dieser Rede. Vielleicht klingen sie Ihnen zu versöhnlich, dabei sind sie doch kämpferisch gemeint. Denn jene, die den Nationalismus vertreten, stehen nicht für das Deutschland, in dem ich gern lebe. Sie lehnen sich, mit oder ohne Gewalt, mit den Mitteln einer extremistischen Partei oder eines Medienkonzerns, von den Rändern der Gesellschaft oder aus ihrer Mitte, gegen einen Grad der Pluralität und Weltoffenheit auf, den weder Hannah Arendt noch meine Eltern 1959 für möglich gehalten hätten. Eher als im Philotas finde ich mein Deutschland heute im Aridäus wieder.

Als Lessing sein Trauerspiel schrieb, verkörperte Philotas das gesellschaftliche Ideal des enthusiastischen Patriotismus. Lessing hingegen liebte erkennbar den Aridäus, den anderen, den feindlichen König, der Philotas fragt, was ein Held ohne Menschenliebe sei, und kampflos aufgibt, als Philotas sich aus Liebe zum Vaterland umbringt. »Umsonst haben wir Ströme Bluts vergossen«, murmelt Aridäus, »umsonst Länder erobert. Da zieht er mit unserer Beute davon, der größere Sieger! – Komm! Schaffe mir meinen Sohn! Und wenn ich ihn habe, will ich nicht mehr König sein. Glaubt ihr Menschen, daß man es nicht satt wird?«

## Editorische Nachbemerkung

Das vorliegende Manuskript entspricht weitestgehend dem Wortlaut der Rede, die ich am 22. Januar 2012 im Hamburger Thalia Theater gehalten habe und in gekürzten Fassungen am selben Tag im Deutschlandfunk gesendet sowie am Folgetag in der *Süddeutschen Zeitung* gedruckt wurde. Zusätzlich eingefügt habe ich einige Absätze über die Kritik am Patriotismus in der deutschen Literatur, die aus einer anderen Rede stammen (»Was ist deutsch an der deutschen Literatur«, abgedruckt in der *Süddeutschen Zeitung* vom 21. Dezember 2006). Für den Zweck dieser Veröffentlichung, die wohl weniger im Zusammenhang mit den Lessingtagen wahrgenommen wird, schien es mir sinnvoll, über Lessing hinaus in knapper Form auch auf die nachfolgende Literaturgeschichte einzugehen. Ansonsten habe ich natürlich das gesamte Manuskript durchgesehen, es mit Blick auf neuere Presseartikel und insbesondere das jüngst erschienene Buch *Die Zelle. Rechter Terror in Deutschland* von Christian Fuchs und John Goetz an einigen Stellen präzisiert sowie in der Auseinandersetzung mit den Thesen von Thilo Sarrazin um einige Sätze ergänzt.

Danken möchte ich insbesondere dem Journalisten Maik Baumgärtner aus Berlin, der mich bei der Recherche selbstlos unterstützt hat. Weiterhin bedanke ich mich beim Intendanten des Thalia Theaters, Joachim Lux, für die Einladung nach Hamburg sowie bei Karin Graf, die mich überzeugte, die Rede als kleines Büchlein zu veröffentlichen, und den Kontakt zum Ullstein Verlag herstellte. Schließlich danke ich der Lektorin Bettina Eltner vom Verlag für die hervorragende Zusammenarbeit.

## Anmerkungen

1 Die Mordwaffen im Fall der ermordeten Polizistin waren eine Tokarew und eine Radom, die ebenfalls in den Trümmern gefunden wurden.
2 Ich zitiere das Stück und, soweit nicht anders vermerkt, alle anderen Texte Lessings nach der achtbändigen Werkausgabe der Wissenschaftlichen Buchgesellschaft, Darmstadt 1996.
3 Mit den geistigen und biographischen Hintergründen der Anschläge vom 11. September 2001 habe ich mich in *Dynamit des Geistes. Martyrium, Islam und Nihilismus* (Göttingen 2002) auseinandergesetzt.
4 *Der Spiegel*, 24. September 2001.
5 *Stern*, 27. Dezember 2001.
6 *Cicero*, 22. November 2011.
7 *Der Spiegel*, 15. April 2006.
8 *Der Spiegel*, 21. Februar 2011.
9 Brief an Gleim, 14. Februar 1758; zit. nach Wilfried Barner, Gunter E. Grimm, Helmut Kiesel und Martin Kremer, *Lessing. Epoche – Werk – Wirkung*, München 1995, 255.
10 Brief an Nicolai und Mendelssohn, 29. März 1757; zit. nach Hugh Barr Bisbet, *Lessing. Eine Biographie*, aus dem Englischen übersetzt von Karl S. Guthke, München 2008, 315.
11 Vgl. Bisbet, *Lessing*, 314.
12 Daniel Kehlmann, »Toleranz und Ärger«, in: Heinz Ludwig Arnold (Hg.), *Mit Lessing im Gespräch*, Göttingen 2004, 28–31, hier: 28.
13 Zit. nach Bisbet, *Lessing*, 666.
14 Vgl. Karl S. Guthke, *Lessings Horizonte. Grenzen und Grenzenlosigkeit der Toleranz*, Göttingen 2003, sowie meinen Aufsatz in Angelika Overath, Navid Kermani und Robert Schindel, *Toleranz. Drei Lesarten zu Lessings Märchen vom Ring im Jahre 2003*, Göttingen 2003, 33–45.

15 Lessing, *Werke*, Bd. V, 70.
16 August Wilhelm Schlegel, »Abriß von den Europäischen Verhältnissen der Deutschen Literatur«, *Kritische Schriften*, Berlin 1828, in: Paul Michael Lützeler, *Europa. Analysen und Visionen der Romantiker*, Frankfurt am Main 1982, 373–384, hier: 375.
17 Thomas Mann an Agnes E. Meyer, 14. Dezember 1945; *Briefwechsel 1937–1955*, hg. von Hans Rudolf Vaget, Frankfurt am Main 1992, 650; zit. nach Wolf Lepenies, *Kultur und Politik. Deutsche Geschichten*, München/Wien 2006, 315.
18 Johann Wolfgang von Goethe, *Werke, Hamburger Ausgabe*, Bd. 10, München 1994, 114.
19 Thomas Mann, *Gesammelte Werke*, Bd. 10, Frankfurt am Main 1990, 1147.
20 Johann Wolfgang von Goethe, *Gespräche*, Bd. 2, Zürich/München 1977, 393; zit. nach Lepenies, *Kultur und Politik*, 309, FN 393.
21 Henry Morgenthau jr., *Germany Is Our Problem*, New York 1945, 104; zit. nach Lepenies, *Kultur und Politik*, 315.
22 Goethe, *Gespräche*, Bd. 2, 866, zit. nach Lepenies, *Kultur und Politik*, 315.
23 Mann, *Gesammelte Werke*, Bd. 10, 1146.
24 Lessing, *Werke*, Bd VIII, 459.
25 *Der Spiegel*, 12. Dezember 2011.
26 Thilo Sarrazin, *Deutschland schafft sich ab. Wie wir unser Land aufs Spiel setzen*, München 2010, 316.
27 *Lettre International*, September 2009.
28 Achim Bühl, *Islamfeindlichkeit in Deutschland. Ursprünge, Akteure, Stereotype*, Hamburg 2010, 138.
29 *Lettre International*, September 2009.
30 Sarrazin, *Deutschland schafft sich ab*, 386.
31 *Hier und Jetzt. Radikal rechte Zeitung*, Dezember 2010, 25.
32 Ebd., 21.
33 Bühl, *Islamfeindlichkeit*, 140.
34 Hannah Arendt, *Von der Menschlichkeit in finsteren Zeiten. Rede über* Lessing, München 1960, 29.
35 Ebd., 30.
36 Brief an Gleim, 16. Dezember 1758; zit. nach Bisbet, *Lessing*, 312.

3. Auflage 2015
ISBN 978-3-550-08021-0
2012 by Ullstein Buchverlage GmbH, Berlin
Alle Rechte vorbehalten
Umschlaggestaltung: Sabine Wimmer, Berlin
Umschlagfoto: Benjamin Richter
Gesetzt aus der Adobe Garamond
Satz: LVD GmbH, Berlin
Druck und Bindearbeiten: CPI books GmbH, Leck
Printed in Germany